Überholt und eingeholt

Über dieses Buch:

Der Band versammelt politische Publizistik für den Sender „Deutschlandradio", der nach der Wende 1994 aus dem ehemaligen „RIAS-Berlin", dem „Deutschlandfunk" und dem ostdeutschen „Deutschlandsender Kultur" hervorgegangen ist.

Den Leser erwarten Notizen zur Zeitgeschichte, dazu Besprechungen über Bücher. Zwei Kalenderblätter zu Jahrestagen für den „Bayerischen Rundfunk" runden die Sammlung ab.

„Überholt und eingeholt" ist somit auch ein Buch über das Radio, das älteste Medium der Ruhestörung in Zimmerlautstärke. Es gilt das gesprochene Wort!

Über die Autorin

Karin Hartewig, Dr. phil. (Jg. 1959), ist freiberufliche Historikerin und Autorin von Sachbüchern, Essays, Belletristik und Lyrik.

Karin Hartewig

Überholt und eingeholt

Essays zur Zeitgeschichte und
Rezensionen fürs Radio

Herstellung und Verlag: BoD – Books on Demand, Norderstedt

ISBN: 978-3-7528-5502-9

www.bod.de

Inhalt

Politisches Feuilleton 7

Panzer, Blumen und Genossen
Der 17. Juni 1953 als Propagandastück und Kitschvor-
lage in der DDR *9*

Wir wär'n so gern dabei gewesen...
Die Niederschlagung des Prager Frühlings und die
Scharfmacher aus der DDR *17*

1968 in Westberlin
Die Revolte, von der DDR aus betrachtet *23*

Endlich im Westen angekommen?
Der lange Abschied der deutschen Linken vom Antizionismus *29*

Schlag nach bei der Stasi! Ein Zwischenruf *35*

Wenigstens hatten alle Arbeit
Die versteckte Arbeitslosigkeit in der DDR *41*

Wenn jede Stimme zählt
Die letzten DDR-Wahlen alten Typs im Mai 1989. Eine
Erinnerung im Superwahljahr 2009 *47*

Die weichgespülte Diktatur
Wie die DDR auch im Westen immer schöner wurde *53*

Nationale Selbstbesinnung ohne Ende
Ein ironischer Zwischenruf gegen all die zu erwartende
Geschichtsseeligkeit *63*

Notizen aus gegebenem Anlass *69*

Stets zu Diensten [Zum 40. Todestag des BND-Chefs
Reinhard Gehlens] *71*

Proteste gegen den Wahlbetrug
Die letzten DDR-Wahlen am 7. Mai 1989 *77*

Rezensionen fürs Radio *81*

Das Lächeln der Henker *83*

Stasi-Stadt. Die MfS-Zentrale in Berlin Lichtenberg *91*

Schule des Sehens *99*

Politisches Feuilleton

Panzer, Blumen und Genossen

Der 17. Juni 1953 als Propagandastück und Kitschvorlage in der DDR

Drei Monate nach Stalins Tod entlud sich im Juni 1953 die ökonomische und politische Unzufriedenheit der DDR-Bevölkerung in einem Volksaufstand. Er entzündete sich an der Erhöhung der Arbeitsnormen, die das ZK der SED im Mai des Jahres beschlossen hatte. Der gewerkschaftliche Protest radikalisierte sich alsbald in politischen Forderungen nach freien Wahlen und der Öffnung der DDR-Gefängnisse. Wie ein Flächenbrand entwickelte sich aus Arbeitsniederlegungen ein Volksaufstand, der die ganze DDR erfasste. Mehr als eine halbe Million Menschen beteiligten sich landesweit an den Protesten.

Der Aufstand stürzte die SED und die Staatssicherheit in Ratlosigkeit und Panik. Und er zeigte allen, wer letztlich die Macht hatte: In 167 von 217 Städten und Kreisen verhängten die sowjetischen Kommandanten den Ausnahmezustand. Unter tätiger Mithilfe der Volkspolizei schlug die Besatzungsmacht die waffenlose Erhebung blutig nieder. Man schätzt, dass in jenen Tagen etwa 10.000 Personen als „Rädelsführer" und „Provokateure" verhaftet wurden. Und es waren etwa 125 Tote zu beklagen.

Die Ereignisse des 17. Juni 1953 führten der freien Welt schlagartig vor Augen, dass es in jenem fadenscheinigen Teilstaat ohne Legitimität nicht nur die „Machthaber in Pankow" und ein unterdrücktes Volk gab. Spontan und machtvoll artikulierten sich die Hoffnung auf Freiheit und der Wille zur Einheit.

Die Hamburger Illustrierte *Stern* machte den Volksaufstand zum heroischen Aufmacher. Das Cover zeigt den Zug der Hennigsdorfer Metallarbeiter, als sie das Brandenburger Tor Richtung Osten durchschreiten. Die Männer skandieren selbstbewusst Parolen und schwenken Deutschlandfahnen. Am historischen Ort der Jubelfeiern, Siegesparaden, Revolution und Gegenrevolution, dort, wo im Osten der innere Bezirk der Macht begann, stellen die Demonstranten die Machtfrage.

Allein das Bild der Jugendlichen, die am selben Tag in der Leipziger Straße in hilfloser Wut sowjetische Panzer mit Steinen bewarfen, konnte es im westdeutschen Bildgedächtnis mit dem Menschenzug aufnehmen. Die *Welt am Sonntag* und die *New York Times* veröffentlichten es sofort. Weil der Fotograf direkt hinter den Werfern stand, sehen wir die Szene wie sie. Es ist bereits Mittag. Im Zentrum der geteilten Stadt, am Potsdamer Platz, ist die Spannung mit Händen zu greifen, die Luft brennt: Grenzschilder liegen am Boden, eine Kontrollbude geht in Flammen auf. Da kommen die Panzer. Mit einem Ruck schert Nr. 93 aus. Sein Geschützt ist direkt auf die Demonstranten gerichtet. Alle weichen zurück, doch zwei greifen nach losen Steinen. Dann fallen die ersten Schüsse. Für alle Zeitgenossen war bereits offensichtlich, dass hier David gegen Goliath mit dem Mut der Verzweiflung auf verlorenem Posten kämpfte. Beide Fotos – der Zug der Demonstranten und die Steinewerfer - sollten im Westen zu Ikonen des Volksaufstandes werden.

Ganz anders präsentierten die Medien im Osten die Ereignisse. Bereits über Monate hatten sie die Baubrigaden an der Berliner Stalinallee gelobt. Ausgerechnet die Vorzeigearbeiter der prestigeträchtigsten Großbaustelle der Republik waren nun aber die ersten, die streikten und während des Aufstandes eine führende Rolle spielten. Doch Proletarier, die sich gegen ihre Regierung stellten, fielen im Osten unter Bilderverbot. Gewerkschaftliche oder gar politische Forderungen wurden vollständig ausgeblendet.

Sorgsam zensiert von der Staatssicherheit, zeigte man stattdessen mit Vorliebe das Chaos: Der Aufruhr, das waren Vandalismus und Sachbeschädigung – Schwelbrände, zerborstenes Glas, lodernde Feuer der Zerstörung und Gewalt gegen Funktionäre. Rauschwaden dringen aus dem Columbia-Haus am Potsdamer Platz. Die Dienststelle der Volkspolizei ist verwüstet. Der weinrote BMW eines hohen Militärs der Staatssicherheit ist von Demonstranten zum Halten gezwungen worden. Er brennt völlig aus. Gerade die Fotos sollten es beweisen: Klassenbewusste Arbeiter können dies unmöglich angerichtet haben. Also müssen es gedungene Elemente und Provokateure aus dem Westen gewesen sein!

Zeitgleich zur Verhaftungswelle der Aufständischen setzte man sogleich positive Gegenbilder in Umlauf: Gegen die Macht der Destruktivkräfte und die hässlichen Visagen des entfesselten Mobs wurden die Porträts loyaler Arbeiter aufgeboten, die sich gar nicht erst am Protestmarsch beteiligt hatten. Eilig trommelte die SED ihre Funktionäre zur Gegendemonstration am 26. Juni zusammen. Im Dienst der Partei marschierten diese Massen in

Formation. Nichts Bedrohliches ging von ihnen aus. Sie trugen die Konterfeis ihrer Führer und die Parolen des Vertrauens vor sich her. Von Rotarmisten beklatscht, sang die Avantgarde der Arbeiterklasse bei strömendem Regen sozialistische Lieder.

Den Höhepunkt staatstragender Propaganda aber bildete der „Dank der Berliner". Im Fotoroman von der Wiederherstellung der Ordnung huldigten die Hauptstädter den sowjetischen Soldaten für ihr „überlegtes Eingreifen". Auf beschaulichen Genrefotos wechselten Blumensträuße und Präsente den Besitzer. Die Russen musizierten und tanzten. Frauen, Kinder und Alte applaudierten. Kräftige junge Männer – die Protagonisten des Volksaufstandes – sind nicht zu sehen. Von diesem Volk, dem die Väter und Söhne fehlten, war kein Aufruhr ausgegangen. Die Rebellion hatten andere angezettelt. So fand die offizielle Sprachregelung vom „faschistischen Putschversuch" am Ende auch

Eingang in die Bilderwelt, durch Abwesenheit der Akteure, von denen viele längst verhaftet waren.

Und die Fotos von „Kasatschok" und „Rixdorfer" camouflierten noch etwas: das gewaltsame Ende des Aufstandes durch die Rote Armee. Die freiwillige Unterwerfung der Zivilisten korrespondierte mit einer zur Schau gestellten Harmlosigkeit der Besatzungsmacht. Denn die Niederschlagung des Aufstandes wurde als großes Fest der Fraternisierung gefeiert, obwohl das Verhältnis deutscher Frauen zu den Rotarmisten, gelinde gesagt, problematisch war.

Acht Jahre später schickte man in Ostdeutschland wieder junge Frauen mit Blumensträußen los. Wie sich die Bilder gleichen! Damals besuchten sie die wackeren Handwerker und die Grenzsoldaten an der Berliner Mauer, um zu „gratulieren", wie es hieß. Wozu? Anscheinend waren sie dankbar dafür, eingemauert und bewacht zu werden. Die Inszenierungsvorlage stammt aus der guten alten Zeit des Stalinismus. Seit der blutigen Niederschlagung des 17. Juni 1953 war sie auch in der DDR bestens bekannt: „Handverlesene Claqueure huldigen ihren Unterdrückern."

Dass die DDR-Medien in unzähligen Propaganda-fotos zynisch behaupteten, die Bevölkerung sei freudig einverstanden mit Repression und Unfreiheit, wirkt heute so anstößig wie damals. Selbst die durchsichtige Agitation zum Glück wirft noch einen bösen Schatten auf die kleine graue Diktatur von Moskaus Gnaden.

Wir wär'n so gern dabei gewesen...

Die Niederschlagung des Prager Frühlings und die Scharfmacher aus der DDR

Monatelang hatten Ulbricht und die DDR-Führung in Moskau bereits für eine Beendigung der tschechischen Reformen getrommelt. Alexander Dubcek sollte abgesetzt werden. Denn der verdächtige Sympathieträger, der sogar im Westen punkten konnte, stand für einen Sozialismus mit menschlichem Antlitz. Ulbricht, der Musterknabe im sozialistischen Lager, und seine Hardliner in der SED und im Armeekommando drangen am aggressivsten auf eine militärische Intervention. Sie wollten alle reformkommunistischen Hoffnungen vor der eigenen Haustür ersticken. Nichts fürchteten die deutschen Poststalinisten mehr als die Kontamination „ihrer Menschen“ mit dem Erreger der Freiheit. Und sie brannten darauf, sich an der Seite der Sowjetunion als würdige Kombattanten gegen die verführerische Macht der Konterrevolution zu erweisen.

In der Nacht des 20. August 1968 war es soweit. Die „Operation Donau“ begann. An der Invasion beteiligt waren sowjetische, polnische, ungarische und bulgarische Truppenverbände. Auch zwei Divisionen der Nationalen Volksarmee rückten aus. Sie standen bereit, die tschechische Grenze zu überschreiten. Buchstäblich in letzter Minute wurden die Deutschen jedoch vom sowjetischen Oberkommando zurückgepfiffen.

Was war geschehen? Am Vortag der Invasion hatten die moskautreuen tschechoslowakischen Kommunisten dringend darum gebeten, auf eine Beteiligung der Deutschen zu verzichten. Allzu vielen Zeitgenossen war die Besetzung ihres Landes durch die Wehrmacht auch dreißig Jahre später noch in lebhafter Erinnerung. Ganz offensichtlich fiel ihnen die Unterscheidung zwischen bösen Westdeutschen und guten Ostdeutschen noch immer schwer. Moskau verstand sofort, dass man sich diese Provokation tunlichst ersparen sollte: Keine Deutschen in Prag! So lautete die interne Parole.

Daher durften sich nur einige deutsche Verbindungsoffiziere im Führungsstab der Invasionstruppen aufhalten. Und im tschechischen Grenzgebiet waren kleine NVA-Einheiten als mobile Polizeitruppe damit beschäftigt, antideutsche Parolen zu entfernen: Auf Transparenten konnte man in dieser Nacht lesen: „1938 Hitler – 1968 Ulbricht".

Den Kommunisten in Ostberlin setzte das überraschend verordnete Zivilistendasein mächtig zu. Die Antifaschisten, die sich als die besseren Deutschen fühlten, waren beleidigt. Tagelang versuchte Ulbricht, doch noch die Erlaubnis für militärische Operationen zu bekommen. Vergebens.

Doch was war schon die Wirklichkeit gegen das Wunschdenken? Als Zaungäste zur Untätigkeit verdammt, beschlossen die Genossen einfach: wir sind dabei! Umgehend ließ man Berichte vom Einmarsch über die Medien der DDR verbreiten. Und alle glaubten es. Den merkwürdigen Umstand, dass es keine Fotos von deutschen Invasoren gab, konnte man scheinheilig den Erfordernissen besonderer militärischer Geheimhaltung zuschreiben. So zeigte die größte Publikumszeitschrift der DDR, die *Neue Berliner Illustrierte*, nur Fotos von polnischen Soldaten. – Ganz nebenbei ein perfider Beitrag zur notorischen Polenfeindschaft unter den Ostdeutschen!

Die Sowjetunion wiederum hatte wenig Interesse, die tatsächlichen Kräfteverhältnisse der Invasionstruppen offenzulegen. Ihr diente die Rhetorik der Waffenbrüderschaft vor allem einem politischen Zweck. So konnte man die Verantwortung auf viele Schultern verteilen, auch wenn die militärische Bedeutung der Volksarmeen de facto gering war.

Sogar im Westen schenkte man der Desinformationskampagne der SED unbesehen Glauben. Eine ostdeutsche Beteiligung an der Invasion passte einfach zu gut zur martialischen Propaganda der vorangegangenen Monate. Bitter-ironisch titelte der westdeutsche Stern im August 1968: „Einmarsch in Prag – und wieder sind die Deutschen dabei".

Bis zuletzt hielt die SED an ihrer Version der Realität fest. Man schmückte sich mit fremden Federn, die noch dazu in der eigenen Bevölkerung ganz unpopulär waren!

Die Kuriosität beweist einmal mehr: ideologische Betonköpfigkeit, Minderwertigkeitskomplexe und Geltungssucht, ein willkürliches Verhältnis zur Wahrheit und schließlich ein mangelnder Sinn für nationale Empfindlichkeiten gehörten zu den Sekundärtugenden der sozialistischen Musterknaben. Dazu gesellte sich ein untrüglicher Machtinstinkt, dem jedes Mittel recht war.

Genützt hat der SED all dies auf mittlere Sicht gar nichts. Eine Generation später, im Herbst 1989, fand die Revolte der Zivilgesellschaft auch in der DDR statt. Da war der Traum vom Sozialismus bereits ausgeträumt.

Doch inzwischen träumt die Linke im Lande wieder von den Segnungen des fürsorglich-autoritären Staates. Schön war die Zeit!

1968 in Westberlin

Die Revolte, von der DDR aus betrachtet

"Ostern in Berlin-West: Rote Fahne und Christenkreuz gegen Wasserwerfer der Notstandsdiktatoren." So titelte die Neue Berliner Illustrierte, d i e Publikumszeitschrift der DDR, im April 1968. Dazu brachte sie im Großformat ein Foto, das im Osten künftig zum Symbol für die rebellische Jugend im Westen werden sollte.

Seltsam entrückt wirkt das Häuflein der Demonstranten, das sich auf dem Kurfürstendamm zusammendrängt, um der Wucht des Wasserstrahls standzuhalten. Längst sind die Kleider durchnässt und die Transparente durchgeweicht. Allein die Fahne, das riesige Holzkreuz und das Schild mit der Abrüstungsparole werden im flirrenden Nebel trotzig hochgehalten. Die Vorhut der Prozession hat sich um das Kreuz wie um eine Monstranz geschart, allen voran ein Hüne aus dem erzkatholischen Trier, 1,93 lang, Student an der FU und Rädelsführer des Sozialistischen Deutschen Studentenbundes. Wie ein Schwert umfassen seine Hände das Kreuz.

So sehen keine Krawallradikalen aus. Das Foto verwandelt die Kombattanten der außerparlamentarischen Opposition, die „enteignet Springer" skandieren, in christliche Märtyrer. Standhaft ertragen, wird die äußerste Hilflosigkeit zur subversiven Gegenmacht. Die Momentaufnahme ergreift Partei für die scheinbar Unterlegenen im mutmaßlichen Polizeistaat. Soweit die Anmutung des Fotos in der Ostberliner Illustrierten. Augenzwinkernd ließ man sich auf die provokative Selbstinszenierung der Demonstranten ein. Der Rest war Frontberichterstattung.

Selbstlos war diese Parteinahme nicht. Die DDR wusste durchaus, politisches Kapital aus der Revolte zu schlagen. Zum 1. Mai vermeldete die Illustrierte stolz eine "Heerschau des Erfolges". In der DDR feierten Jung und Alt begeistert ihren Staat. Unterdessen erlebte der Westen eine Welle des Protests. Tausende demonstrierten für den Frieden und gegen die Notstandsgesetze. Die akademische Jugend rebellierte gegen die USA. Sie gerierte sich als Avantgarde aller Befreiungsbewegungen. Ihre Selbstermächtigung schien vollkommen gerechtfertigt durch die deutsche Schuld, der sich die Väter-Generation im Westen angeblich nie gestellt hatte.

In der Revolte sah die veröffentlichte Meinung in der DDR den Preis für eine falsche Politik. Mehr denn je fühlte man sich im Osten im Reinen mit sich selbst: kein Generationenkonflikt weit und breit, Antifaschismus als Staatsdoktrin - selbstverständlich, Antiimperialismus und Solidarität mit Vietnam - Ehrensache. Selbstgefällig hielt man der Bundesrepublik den Spiegel vor. Die Schadenfreude war nicht zu übersehen: durch die Gesellschaft des Klassenfeindes ging ein tiefer Riss. Da war er wieder der bellende Tonfall des Kalten Krieges, aber nun mit neuem Selbstbewusstsein.

Die DDR-Medien führten ihren Lesern ein marodes Land vor. Verlässlich waren sie zur Stelle, um die schäbigen Hinterhöfe der kapitalistischen Fassade auszuleuchten: Entlassungen, Mietwucher, märchenhafte Profite und das Drogenproblem. Anhänglich begleiteten sie die eloquenten und die handgreiflichen Kämpfer gegen das System. Scheinheilig entlarvten sie die Aushöhlung demokratischer Rechte und entrüsteten sich über robuste Polizeieinsätze, obwohl jeder in der DDR wusste, dass solche Rechte im eigenen Staat gar nicht existierten und Regimegegnern kein Pardon gegeben wurde. Bis man 1969 zum 20. Jahrestag der doppelten Staatsgründung verächtlich befand: Dieses Land hat nichts zu feiern!

Umso sonniger erschien die DDR. Im Osten hörten die fünfziger Jahre so bald nicht auf. Eine Politisierung, wie sie die Bundesrepublik erlebte, fand nicht statt. Und die Presse blieb affirmativ und staatstragend. Ihren Lesern präsentierte sie eine heile Welt aus dem ideologischen Modellbaukasten - ein bescheidenes Universum der notorisch guten Laune. In der Regel blieb es bei beschaulichen Genrebildern des arbeitenden Volkes, hölzerner Protokoll-Berichterstattung und einer Propaganda des Frohsinns und der Festlichkeit. Die Einheit zwischen der Partei und "ihren Menschen" war anscheinend durch nichts zu erschüttern. Von Konflikten keine Spur. Zeitkritik gegenüber Institutionen oder Persönlichkeiten des öffentlichen Lebens - Fehlanzeige. Man verharrte im Trugbild einer Konsensgesellschaft aller Werktätigen und widmete sich - zu Unterhaltungszwecken - genüsslich der Skandalisierung des Westens.

Endlich im Westen angekommen?

Der lange Abschied der deutschen Linken vom Antizionismus

Gregor Gysi, der Fraktionschef der Linken, stimmte kürzlich neue Töne an. Auf einer Veranstaltung der parteinahen Rosa-Luxemburg-Stiftung gratulierte er Israel zum 60. Jahrestag seiner Gründung im Mai 1948. Gysi bekannte sich ausdrücklich zum Existenzrecht Israels, und er bezeichnete dieses Recht - wie Angela Merkel unlängst in der Knesset - als Teil der deutschen Staatsräson. Eindringlich mahnte er zur „Solidarität mit Israel". Und er forderte dazu auf, die einseitigen Bekenntnisse zum „Befreiungskampf des palästinensischen Volkes" aufzugeben und den Nahostkonflikt endlich als vielschichtigen gewaltsamen Konflikt wahrzuneh-

Der Antizionismus hat hierzulande Tradition. Bereits den Kommunisten der Weimarer Republik galt die Idee eines jüdischen Nationalstaates als reaktionär. Hartnäckig hielten sie an der Utopie einer spurlosen Assimilation fest: ethnische Zugehörigkeit, Religion und Herkunft sollten eingeschmolzen werden zum neuen Menschen einer klassenlosen atheistischen Gesellschaft – dem Fackelträger des Internationalismus.

Doch der Holocaust gab den Zionisten Recht. Die Assimilation war auf dramatische Weise gescheitert. Am Ende des Zweiten Weltkriegs erschien Theodor Herzls Projekt eines eigenen jüdischen Staates in Ost und West ohne Alternative.

Die Unterstützung durch das sozialistische Lager währte aber nur kurz. An der Seite der Sowjetunion fand auch die neu gegründete DDR schnell zu den altbekannten ideologischen Reflexen zurück.

In atemberaubendem Tempo verwandelte sich Israel im Kalten Krieg vom legitimen Staat der Juden zum Kettenhund des amerikanischen Imperialismus. Zur ideologischen Keule kam die dröhnende Selbstgerechtigkeit: Da die SED ihren Staat als antifaschistische und antikapitalistische Neugründung definierte, lehnte sie jede Verantwortung für die NS-Verbrechen und jegliche Verpflichtung zur Wiedergutmachung an Israel ab.

Seinen Höhepunkt erreichte der Antizionismus in der DDR im Sommer 1967. Ein gewaltiger Truppenaufmarsch Ägyptens und Syriens und eine Seeblockade bedrohten Israel. Monströs verkündete Nasser, allein die Existenz Israels sei eine Aggression. Und die PLO rief zum Heiligen Krieg auf. Doch Israel kam dem Angriff zuvor und besetzte in nur sechs Tagen die syrischen Golanhöhen, das Westjordanland, die Altstadt Jerusalems sowie den ägyptischen Sinai und Gaza. Die SED überschlug sich geradezu in ihrer Polemik und bediente sich auch ganz unbefangen antisemitischer Klischees.

Israel sei kein jüdischer Staat, sondern ein imperialistischer Vorposten der USA, bezahlt von der „jüdischen Großbourgeoisie". Zum ersten Mal nötigte sie Parteimitglieder, ihre Namen unter bestellte Anti-Israel-Resolutionen zu setzen. In der „Erklärung von Bürgern der DDR jüdischer Herkunft" holte die Staatspartei sogar die Zustimmung der ehemals im Dritten Reich Verfolgten ein. Auf diese Weise präsentierte man ganz nebenbei die DDR als die moralisch bessere Heimstatt für Juden!

Auch in der Bundesrepublik markierte der Sechstage-Krieg eine Zäsur. Die Westdeutschen bekundeten erstmals offen ihre Sympathie für den bedrohten, aber wehrhaften jüdischen Staat; die bürgerlichen Blätter, allen voran die Springerpresse, schwärmten vom „Blitzkrieg" und feierten Moshe Dayan als israelischen Rommel. Und die außerparlamentarische Opposition? - Sie gerierte sich antizionistisch und diffamierte den neuen Philosemitismus als grassierende „Israelitis". Der SDS sprach dem jüdischen Staat jede Legitimität ab und suchte den Kontakt zu Arafats PLO. In Teilen der Linken verdichtete sich die Israelkritik zu einem hermetischen Feindbild. Die militanten Radikalen wurden terroristisch – zum Beispiel im November 1969 in Berlin mit dem Bombenanschlag auf die Jüdische Gemeinde in Berlin, der glücklicherweise misslang.

Auch die westdeutsche Linke benutzte die NS-Geschichte für ihre eigenen politischen Ziele. Man identifizierte die Israelis als Tätervolk und sprach von den Palästinensern als den Juden der Juden. Wie sich die Phrasen in Ost und West glichen! Kein Wort davon, dass Israel sich seit 1948 seiner Existenz zu erwehren hatte. Aus dem progressiven jüdischen Pionierstaat wurde der Popanz eines Weltfeindes.

Bald gehörte der Antizionismus zum Weltbild der neuen sozialen Bewegungen und der Grünen, die später ein Teil des juste milieu der Bundesrepublik werden sollten. Als kritische Attitüde, als wohlfeile Strategie der Skandalisierung ist er bis heute salonfähig. Nach dem Motto: Schluss mit den Tabus! Kritik an Israel muss endlich mal erlaubt sein!

Da waren die Regimekritiker der untergehenden DDR im Wendejahr schon weiter. Die erste frei gewählte Volkskammer bat im April 1990 den Staat Israel um Verzeihung für Heuchelei und Feindseligkeit der offiziellen DDR-Politik. Von der SED-Nachfolgerin, der PDS, war damals keine Selbstkritik zu vernehmen.

Gut vierzig Jahre nach dem Sechstage-Krieg - eine biblische Generation später also – unternimmt die Nachfolgerin der Nachfolgerin den überfälligen Versuch, die Linken in West und Ost zu einer Kehrtwende zu bewegen.

Schlag nach bei der Stasi!

Ein Zwischenruf

Der oberste Hüter der Stasi-Akten, Roland Jahn, konstatierte unlängst, dass der Rechtsradikalismus in der DDR kein Produkt der neuen westlichen Gesellschaft sei. Zu Recht! Vieles sei bereits in der DDR angelegt gewesen. Es sei bekannt, dass sich die Stasi damit beschäftigt habe. Ihre Akten über Rechtsextreme in der DDR seien aber bisher nicht umfassend ausgewertet worden. Und deshalb sei unser Wissen über die Rechten im Osten so bescheiden. Markus Meckel, der letzte Außenminister der DDR, pflichtete Jahn bei.

Nicht auszudenken, wenn wir die Stasi-Akten nicht hätten ... Dann würden wir nie erfahren, wie es eigentlich gewesen ist mit den Rechtsradikalen, damals in der DDR!

Dabei müssten seinerzeit betroffene Oppositionelle und heutige Aufarbeiter der DDR-Geschichte eigentlich wissen, dass die SED und die Staatssicherheit, stets ein hochgradig instrumentelles Verhältnis zur Wahrheit an den Tag legten. So passte es gut zur Staatsdoktrin des Antifaschismus, Dossiers über alte Nazis im Westen zu sammeln, um sie erpressbar zu machen und ihre Ex-Kameraden im Osten umstandslos als inoffizielle Mitarbeiter zur Kooperation zu zwingen. Und auch die Unterwanderung der westdeutschen Neonazi-Szene durch V-Leute des MfS gehörte in den achtziger Jahren zum Kerngeschäft der ostdeutschen Schlapphüte.

Wie bereits lange vermutet, aber erst nach der Wende bewiesen werden konnte, gab die Staatssicherheit 1959 die Hakenkreuzschmierereien an der Kölner Synagoge und die Schändung jüdischer Friedhöfe in Auftrag, um Bundesrepublik zu diskreditieren. Während sie keine Scheu zeigte, im Westen aktiv die Nazi-Karte zu spielen, beschränkte sie sich in der DDR gut 20 Jahre später auf das Prinzip der Beobachtung und Geheimniskrämerei – eine Haltung, welche die ganze Hilflosigkeit und Verunsicherung der Geheimpolizei gegenüber der neuen, aggressiven rechten Subkultur offenbarte. Die war Anfang der achtziger Jahre entstanden und hatte sich bis 1987 radikalisiert.

Nun verstanden Mielkes Mannen die Welt nicht mehr. Bis dahin hatte der Feind ganz anders ausgesehen: schluffig, friedensbewegt, langhaarig und mit üppigem Vollbart, sofern es sich um die männlichen Exemplare handelte. Eine rechte Szene in der DDR passte nicht ins Beuteschema. Daher nahm die Stasi diese erst zur Kenntnis, als sie nicht mehr zu ignorieren war. Denn Skinheads, militante Hooligans und Neonazis durfte es offiziell nicht geben. Man reklamierte, den Faschismus „mit Stumpf und Stiel" ausgerottet zu haben und vertraute darauf, man habe alle Faschisten ebenfalls liquidiert. Erich Mielke wusste bis zuletzt nicht wie man „Skinheads" aussprach: er nannte sie „Schi-Hända".

Zwar funktionierten die Reflexe auf sogenannte Vorkommnisse bestens: Auf Parolen und Symbole in Betrieben, Kasernen oder im öffentlichen Raum reagierte die Geheimpolizei scharf, prompt – und in aller Stille. Ende der achtziger Jahre bezifferte sie den harten Kern der rechten Subkultur republikweit etwa so stark wie die linke Opposition im Lande: auf rund 1200 Personen, vor allem junge Männer.

Eine fundierte Einschätzung des Gegners blieb man aber schuldig. Zu widersprüchlich war das Bild: Zugegeben, die jungen Männer kleideten sich martialisch und trugen die Haare kurz, aber „auf Arbeit" wurden sie als fleißige und ordnungsliebende Kumpel und Kollegen geschätzt. Sie grüßten auch immer freundlich die Nachbarn. Und nicht selten stammten die Jugendlichen aus Familien guter SED-Genossen.

Was war hier schiefgelaufen? Differenzierte Erklärungen für die Entstehung einer rechten jugendlichen Subkultur hatten andere, nicht die Stasi. In den späten achtziger Jahren interessierten sich in der DDR Fotografen, Filmemacher und Soziologen für die neuen Provokateure, die gegen den antifaschistischen Konsens und gegen den sozialistischen Staat ihrer Eltern und Großeltern in die denkbar schärfste Opposition gingen. Links waren alle Plätze bereits seit Generationen besetzt. Eine Studie aus dem Wendejahr bezeichnete die Skinhead-Szene als „informell organisierte Gruppen leistungsbereiter, junger Männer aus der Arbeiterklasse, die sich in Konfrontation mit einem verzerrten und deformierten Sozialismus des Rückgriffs auf die faschistische Ideologie bedienten". Der unwillkommene Befund verschwand unverzüglich in der Ablage.

Da nicht sein konnte, was nicht sein durfte, unterdrückten die SED und ihre ratlose Staatssicherheit das Phänomen und alle Versuche, es zu beschreiben und zu analysieren.

Es ist schon merkwürdig, dass die Geheimpolizei der DDR nun gerade in Sachen Rechtsradikalismus nachträglich das Prädikat größter Wahrheit und Wahrhaftigkeit verliehen bekommen soll. Soviel Aktengläubigkeit hätte ihr zu DDR-Zeiten gefallen.

Wenigstens hatten alle Arbeit

Die versteckte Arbeitslosigkeit in der DDR

Wenn demnächst die düsteren Wirtschaftsprognosen wahr werden und das Heer der Arbeitslosen auf über vier Millionen anwächst, dann werden viele Zeitgenossen die Legenden von der guten alten DDR hervorkramen. Ein Klischee hält sich besonders hartnäckig: „Wenigstens hatten alle Arbeit." Doch Wehmut über die Vollbeschäftigung in der Planwirtschaft ist fehl am Platze. Schließlich führte sie geradewegs in den Ruin.

Es stimmt zwar: Vor der Wende hatten Betriebe und Verwaltungen in der DDR riesige Belegschaften. Doch für sie gab es oft genug nichts zu tun. Materiallieferungen ließen auf sich warten; Maschinen standen still, weil sie ständig defekt waren. Bis zu 25 Prozent der Produktion fiel auf diese Weise aus.

Anders als heutzutage leistete man sich etliche Mitarbeiter, die man eigentlich nicht brauchte. Der Staat garantierte allen ein Recht auf Arbeit, wie er umgekehrt die Pflicht zur Arbeit einforderte. Entlassungen waren, bis auf Einzelfälle, nicht vorgesehen. Im Grunde konnte man nur versetzt werden. Überflüssige Arbeitsplätze waren Teil der Sozialpolitik. Statt der Stütze vom Staat gab es weiterhin Lohn oder Gehalt.

Denn das Leben im Arbeitskollektiv galt im Sozialismus als unbedingte Norm. Den Beschäftigten bot die Betriebsbindung Nestwärme und Anerkennung. SED und Staatssicherheit versprach sie Gesinnungskontrolle. Wer sich der Arbeitsgesellschaft entzog, wurde als arbeitsscheu kriminalisiert.

Doch was hieß geregelte Arbeit damals? Manche Kollegen simulierten, andere verrichteten sinnlose

Tätigkeiten oder waren hauptsächlich mit Reparaturen beschäftigt. Und allzu viele wurden für soziale und politische Aufgaben freigestellt.

Und wenn tatsächlich gearbeitet wurde, bestimmten häufig die Werktätigen das Tempo renitenter Gemächlichkeit. Vor allem in technisch hoffnungslos veralteten Industrien, die nichts für den West–Export produzierten und in der Bürokratie ging alles seinen sozialistischen Gang.

Die längste Zeit saßen die chronisch Unterbeschäftigten tatenlos herum. In den volkseigenen Betrieben gab es vieles, was sie gut gebrauchen konnten. Andere gingen auf Bananenjagd oder reihten sich für heiß begehrte Waren in die Käuferschlange ein.

Die Unwägbarkeiten der Kommandowirtschaft erforderten eine Beschaffungsintelligenz wie in Schwarzmarktzeiten. Stets nur halb versorgt, war man immerzu voll beschäftigt: mit Organisieren, Horten und Tauschen. Oder es blieb bei vollem Lohnausgleich Zeit für Muße: man verschwand in die Pause, spielte Karten oder las ein gutes Buch. Ein bis zwei Stunden ihrer täglichen Arbeitszeit widmete die arbeitende Bevölkerung eigenmächtig um.

Erst im Herbst 1989 dämmerte der SED–Führung, dass die Planwirtschaft die DDR in die Pleite geführt hatte. Im Untergang griff sie sogar zum Mittel der Entlassungen. Selbst eine sofortige Senkung des DDR–Lebensstandards um 30 Prozent hätte den Bankrott nicht abwenden können. Und ein hoch subventioniertes „Weiter so" hätte einen Abbau des Sozialstaates in Gang gesetzt, gegen den Hartz IV wie eine Wohltat erscheint.

Mindestens 1,4 Millionen Beschäftigte waren entbehrlich. Das entsprach einer versteckten Arbeitslosigkeit von 15 Prozent. Deshalb waren Massenentlassungen nach der Wende ohne Alternative.

Heute weist die Statistik für Ostdeutschland offiziell gut 13 Prozent Arbeitslose aus. Und wie gehabt gibt es eine versteckte Arbeitslosigkeit, die bedenklich an DDR–Zeiten erinnert. Denn seit der Wende expandiert vor allem im Osten eine staatlich finanzierte Armutsindustrie der Beschäfti-

gungsgesellschaften, Scheinfirmen und Ein Euro–
Jobs. Mit ihnen hält das absurde Theater der un-
nützen und sinnlosen Arbeit im großen Stil Einzug
in die Marktwirtschaft – eine böse Ironie der Geschichte.

Wenn jede Stimme zählt

Die letzten DDR-Wahlen alten Typs im Mai 1989. Eine Erinnerung im Superwahljahr 2009

Dem Wahlvolk wird in diesem Jahr eine ordentliche Portion Dickfelligkeit und Kondition abverlangt. Auf die Landtagswahl in Hessen folgen im Superwahljahr 2009 Sachsen, Thüringen, das Saarland und Brandenburg. Dann gibt es die Wahl des Bundespräsidenten, die Europawahl und schließlich die Bundestagswahl im September.

Schon jetzt ist klar, der Wahlmarathon wird das Land in einen Kokon aus Plattitüden einspinnen. Es wird viel geredet, gemeint und plakatiert, aber wenig regiert und opponiert werden. So kann man sich auf Monate simulierter Politik gefasst machen.

Ironischerweise erinnert der Zustand immerwährender Mobilisierung durch Wahlpropaganda bei gleichzeitiger Vermeidung politischer Entscheidungen manche Zeitgenossen an die DDR in ihrer Endphase. Damals waren es ausgerechnet Wahlen, die den Anfang vom Ende einläuteten: Die eher unbedeutenden Kommunalwahlen am 7. Mai 1989 brachten die SED-Führung ernstlich in die Bredouille.

Vierzig Jahre lang waren Wahlen unter Ulbricht und Honecker eine Farce – und alle wussten es. Die Untertanen hatten lediglich die von der SED abgesegnete Einheitsliste der Kandidaten zu bestätigen, sonst nichts. Offiziell lag die Quote der Claqueure stets über 98 Prozent. Im letzten Sommer der DDR aber blieb das offene Geheimnis der Scheindemokratie nicht ohne Folgen.

Erstmals rief die Bürgerbewegung dazu auf, gegen die Einheitsliste zu stimmen oder aber die Abstimmung ganz zu boykottieren. Ermutigt durch Gorbatschows Glasnost und Perestroika, wurde auch die schweigende Mehrheit aufmüpfig. In aller

Öffentlichkeit forderte man Pluralismus gegen die Allmacht der SED. In ungewohnter Schärfe wurden die Kandidaten mit den Missständen im Lande konfrontiert. Weit jenseits der Dissidenten-Milieus probte das Staatsvolk den Aufstand.

Die Wahlen selbst wurden für die SED zum Debakel. Zwar bejubelte die linientreue Presse 98,85 Prozent Ja-Stimmen in alter Manier. Aber die Opposition wusste es besser. Ihre Wahlbeobachter wiesen nach, dass Wahlbeteiligung und Endergebnis nachträglich gefälscht worden waren. Sie zählten bis zu zehn Prozent Gegenstimmen. Erboste Bürger beschwerten sich bei der Staatsmacht über fehlende Wahlkabinen und andere „Unregelmäßigkeiten“. Aufrechte Demokraten erstatteten Anzeige wegen Wahlbetrugs – ein Straftatbestand, auch nach DDR-Recht!

Andere gingen noch weiter. Alle, die mit dem SED-Staat endgültig abgeschlossen hatten, zerrissen in aller Öffentlichkeit ihre Wahlbenachrichtigungen und Wahlscheine. Ihr Votum war unmissverständlich. Die Stasi rechnete nach, dass der Anteil der heimlichen und aggressiven Nichtwähler sich gegenüber den letzten Volkskammerwahlen 1986 verdreifacht hatte.

Nach 40 Jahren wurde die gefühlte Bevormundung in der SED-Demokratur unerträglich. Viele wünschten sich endlich demokratische Verhältnisse. Eine solide Minderheit verweigerte dem System seine Zustimmung. Dieses Legitimationsdefizit konnte die SED nicht länger übertünchen.

Heutzutage erleben wir eine Verdrossenheit anderer Art. Zwar ist am westdeutschen Wahlsystem wenig zu beanstanden. Weder der Wahlvorgang noch die Auszählung der Stimmen geben Anlass zu begründetem Misstrauen.

Doch wie steht es mit der politischen Umsetzung des Bürgerwillens in der repräsentativen Demokratie? Im Osten der Republik ist die Zahl der Skeptiker und Desillusionierten besonders groß. Nur die ersten und letzten freien Wahlen zur DDR-Volkskammer im März 1990 mobilisierten legendäre 93 Prozent Wahlbeteiligung. Seitdem verzeichnet die Partei der Nichtwähler in allen gesamtdeutschen Wahlen überproportionalen Zuwachs.

Die protestierenden DDR-Bürger hatten noch an die Demokratie geglaubt. Die Wahlverweigerer nach der Wende haben die Hoffnung in das demokratische Verfahren schnell verloren.

Die weichgespülte Diktatur

Wie die DDR auch im Westen immer schöner wurde

Die Seismographen deutscher Befindlichkeit registrieren 20 Jahre nach dem Mauerfall einen neuen Höhepunkt in der Verklärung der DDR. Inzwischen ist sie in der Mitte der Gesellschaft angekommen. Mehr als die Hälfte der Ostdeutschen idealisiert die DDR: Sie hatte mehr gute als schlechte Seiten; man konnte dort prima leben. Die paar Probleme waren nichts gegen d i e s e Menschlichkeit und den sagenhaften Zusammenhalt. So tönt es längst nicht mehr nur aus der Ecke der der Ewiggestrigen und der Wendeverlierer. Die alte Heimat ein Unrechtsstaat? Auch junge Leute und Besserverdiener verwahren sich lautstark dagegen. Nicht wenige von ihnen leben inzwischen längst im alten Westen. Auf dem Spiel steht viel: die Familiengeschichte und die eigene Selbstachtung der Mehrheit, die im SED-Staat nicht verfolgt wurde, sondern sich vielmehr in den Verhältnissen eingerichtet hatte. Kritik am System wird als Angriff auf die eigene Person verstanden. Man reagiert verschnupft.

Das verbreitete Ressentiment richtet sich – noch immer - gegen den Klassenfeind von gestern. DDR-kritische Stimmen aus den eigenen Reihen werden großzügig ignoriert. Lieber vermutet man irgendwo im bösen Westen eine Art Superzentrale der Propaganda, die immerzu von Diktatur spricht, wenn sie die DDR meint.

Dabei erhalten die DDR-Nostalgiker durchaus Schützenhilfe, wenn es darum geht, den entschwundenen Teilstaat ins milde Licht der Nostalgie zu tauchen. Das juste milieu der Bundesrepublik – gemäßigt links, pazifistisch, vor Obama antiamerikanisch, kapitalismuskritisch und dabei sehr selbstzufrieden – hält ebenfalls gerne an erbaulichen Legenden über den kleinen grauen Polizeistaat fest.

Das Weichspülen der Diktatur hat hier seine eigene Tradition. Und ausnahmsweise sind daran nicht die 68er Schuld. Angefangen hatte alles schon Ende der fünfziger Jahre. Der politische Konsens des pathetischen Antikommunismus begann zu bröckeln. Doch seine Kritiker blieben befangen im hilflosen Anti-Antikommunismus. Ihnen fehlte die geistige Größe und intellektuelle Unabhängigkeit, gegen die Kalten Krieger zu sein, o h n e der Gegenseite etwas abzugewinnen, also ohne der DDR den leisesten Vertrauensvorschuss zu geben.

Sogar die eiszeitliche Schockstarre über Mauer und Grenze war schnell überwunden. Nur zwei Jahre nach dem Mauerbau wurde das Unglück der Teilung und das Leben unter den Bedrückungen der

Diktatur verdrängt durch den Wunsch nach Normalität und die Neugier auf den anderen deutschen Staat. Viele Köpfe arbeiteten am großen Illusionstheater DDR mit.

Mit der Attitüde von Entdeckungsreisenden brachen „zeitkritische" Journalisten in den Osten auf, um ihren Lesern den Alltag im anderen Deutschland nahezubringen. „Auch das ist Deutschland", „Glücklich in der DDR" oder „Reise in ein fernes Land" nannten sie ihre Reportagen in der *Münchener Illustrierten*, im *STERN*, in der *Constanze* und vor allem in der *ZEIT*, die ganz und gar der friedlichen Koexistenz verpflichtet waren. Wer das eingemauerte Land bereiste, wurde von einem wahren Wechselbad der Gefühle zwischen Negier, Irritation und Rührung ergriffen und stürzte seine Leser in dasselbe: nah und fern, vertraut und fremd zugleich erschien den Meinungsmachern das eingemauerte Land. In der Berichterstattung aber überwog das Positive. Man lobte das vorbildliche Schulsystem und bewunderte die selbstbewussten

berufstätigen Frauen. Man war voller Anerkennung
für das ostdeutsche Wirtschaftswunder und riskierte einen Blick auf die FKK-Bewegung. Vor allem
nahm man überrascht ein neues Selbstbewusstsein
im Schatten der Mauer zur Kenntnis. DDR-Bürger
verkündeten in Interviews: Wir denken nicht daran
zu fliehen. Wir bleiben hier. Und sie forderten von
den Westdeutschen angeblich, den Alleinvertretungsanspruch endlich aufzugeben: Sprecht nicht
in unserem Namen! Dass diese Touren unter Aufsicht des staatlichen Pressamtes standen und bei
den Befragungen nichts dem Zufall überlassen
blieb, verschwiegen die westdeutschen Meinungsmacher lieber. Etliche dieser Reportagen erreichten als Bildbände und Bücher hohe Auflagen.
Den Höhepunkt einer DDR-freundlichen Berichterstattung bildete aber die Zeit der Entspannungspolitik. Zu viele Korrespondenten waren bereit, der
DDR beinahe jeden Kredit einzuräumen. Eine allzu kritische Berichterstattung hätte den Verlust der
Akkreditierung bedeutet. So wich man von den
harten politischen auf die weichen Themen aus und

präsentierte in der Summe ein idealisiertes Bild der Verhältnisse, gewürzt mit gelegentlicher Ironie. Kongenial zu den Texten passten die Bilder der Fotografen. Sie erst ließen die DDR als mediales Produkt ohne Verfallsdatum entstehen. Wandel durch Anbiederung könnte man das nennen.

Der politische Zeitgeist wehte inzwischen links. Und viele Westdeutsche nahmen das schöne Bild allzu gerne auf, ein Fall von politischer Romantik und Naivität. Ganz vortrefflich passten die Klischees zur kritischen Attitüde gegen die bürgerliche Demokratie im eigenen Land. Sie eröffneten eine perfekte Projektionsfläche. Und sie kosteten die Träumer nichts.

Der morbide Charme der DDR wirkte wie eine sentimentale Zeitreise in die deutsche Vergangenheit. Die bleierne Melancholie, die sich inzwischen wie Mehltau über das Land und die Menschen gelegt hatte, wurde als deutsche Innerlichkeit geadelt. Den Literaturbeflissenen galt die DDR als Leseland, in dem die vielen guten Bücher wohnten, die vom Volk auch alle eifrig gelesen wurden. Die Konsumkritiker wollten in der ostdeutschen Mangelgesellschaft die Möglichkeit innerer Freiheit und wahrhaftiger sozialer Nähe erkennen. Frauen und GEW-Lehrer lobten die flächendeckende Kinderbetreuung und andere soziale Errungenschaften. Und die Linken rühmten den kämpferischen Antifaschismus, den sie im Westen so schmerzlich vermissten. Selbst die fürsorgliche Belagerung des Individuums durch den Staat fand ihre stillen Fans. Manchen Zeitgenossen galt die Idee des Sozialismus mehr als die Idee der Freiheit. Bis der Exodus von Künstlern nach der Ausbürgerung Wolf Biermanns 1976 und später vor allem die Ausreisewelle Hunderttausender die deutsche Teilung in ihrer Härte und Absurdität wieder schmerzhaft ins Bewusstsein der Westdeutschen brachte.

Ein merkwürdiger Zufall will es, dass die SED-kontrollierten Medien in der DDR viele dieser gefälligen Geschichten über das eigene Land bereits selbst in Umlauf gebracht hatten, nur weniger eloquent und weniger schön illustriert. Da drängt sich heutzutage der Verdacht auf, dass man damals der SED-Propaganda über das „bessere" Deutschland auf den Leim gegangen war. Frappierend, wie stark westdeutsche Medien die Markenzeichen und Exportartikel der DDR aufnahmen und ästhetisch weiterentwickelten. Gefälligkeitsjournalismus auf der Basis ostdeutscher Selbstzufriedenheit. Die Profis für Agitation beim ZK der SED jedenfalls feierten jede kleine Erschütterung des westdeutschen Weltbildes bereits als schönen Erfolg der SED.

In dem Maße, wie DDR-Bürger in den achtziger Jahren mehr und mehr vom westdeutschen Konsumparadies und von der Wiedervereinigung träumten, hatte man sich im Westen längst mit dem Status quo der Teilung abgefunden – eine besondere Ironie der Geschichte. Zugleich wurde für manchen kritischen Bildungsbürger der Bundesrepublik der Osten endgültig zur realexistierenden Traum- und Trostlandschaft. Die Grisaille-Ästhetik des Grau in Grau schärfte die Sinne und wirkte so außerordentlich belebend auf die Durchreisenden und Zaungäste im deutscheren deutschen Staat. Gesamtdeutsch geistern die freundlichen alten Klischees über die DDR nach der Wende durch die Köpfe: soziales Paradies ohne Arbeitslosigkeit, Leseland und Land der Antifaschisten - das sind die Passwörter, die sogleich ein sonniges Genrebild von der DDR evozieren. Gelegentlich hört man auch altbekannte Sätze aus der Mottenkiste der deutschen Geschichte, wie diesen: „Die Idee ist gut, nur die Ausführung war schlecht." Es scheint, als gebe es eine wachsende Übereinkunft, die Diktatur nicht mehr so ernst zu nehmen gegen die mutmaßliche Nestwärme von einst. Die Spezialisten an der ideologischen Front hätten ihre helle Freude an diesem anhaltenden Sieg.

Nationale Selbstbesinnung ohne Ende

Ein ironischer Zwischenruf gegen all die zu erwartende Geschichtsseeligkeit

2009 ist das große Erinnerungsjahr der Deutschen. Pechiöserweise ist es nun auch das Jahr der großen Krise. Doch die Festtagsstimmung lassen wir uns so leicht nicht verhageln.

Es ist wie der Angriff der Vergangenheit auf die übrige Zeit! 2000 Jahre Varusschlacht im Teutoburger Wald, 60 Jahre Bundesrepublik, 60 Jahre DDR, 60 Jahre Grundgesetz, 20 Jahre Mauerfall und 230 Jahre Friedrich Schiller kommen in diesem Jahr zur traditionellen alljährlichen Geschichtsversessenheit am 8. Mai und 9. November hinzu. 2008 bot bereits einen bescheidenen Vorgeschmack: 40 Jahre „1968", 30 Jahre „Deutscher

Herbst" und Guido Knopps mehrteilige Monumentalgeschichte „Die Deutschen".

Nun aber wird es richtig staatstragend. Auf allen öffentlich-rechtlichen Sendern werden wir entschlossen darüber belehrt werden, dass die deutsche Geschichte nicht auf die paar dunklen Jahre des „Tausendjährigen Reiches" reduziert werden darf. *Stern* und *Spiegel* werden ihre großen Serien starten. Darin wird es vor deutschen Helden nur so wimmeln.

In den Akademien der politischen Bildung werden Referenten einem geschichtsbeflissenen älteren Publikum die Erfolgsgeschichte unserer sauberen kleinen Wohlstandsdemokratie erklären – nach dem Muster der bekannten Werbespots für den VW-Käfer und für den Duracell-Hasen: Sie läuft und läuft und läuft... Die Redner werden ihre Zuhörer darauf einstimmen, wie das westdeutsche Wunder mit der Währungsreform seinen Lauf nahm, wo die Väter und Mütter unseres Grundgesetzes selbiges schufen und wie die soziale Marktwirtschaft den sozialen Frieden sicherte – bis im

Speisesaal am frühen Abend zu Hagebuttentee und Wurstbroten gerufen wird.

Es scheint, als finde die Bundesrepublik gerade endgültig zu sich selbst. Im Augenblick der tiefsten wirtschaftlichen Krise, die uns wie eine Nebelwand von der Zukunft trennt, rücken wir zusammen und erzählen uns erbauliche Legenden. Die nehmen ihren heroischen Anfang in der bedrückenden, allgemeinen Armut der Trümmerlandschaft, im Marschallplan der Amerikaner, in der Währungsreform und in der grassierenden Arbeitswut der Deutschen. Und sie enden in der deutschen Einheit.

Dabei gehört bereits die Geschichte von der Währungsreform und den egalitären 40 Mark Startgeld, die wir schon als Zehnjährige kaum glauben konnten, in die Kategorie der „Wunder", die bald eine Demokratisierung des Konsums als Belohnung für alle Mühen versprachen. Schon in den fünfziger Jahren lautete die unwiderstehliche Parole im Westen bekanntlich: „Alle sollen besser leben". Im Osten tönte es dagegen härter: „So wie wir heute arbeiten, werden wir morgen leben"

So viel Affirmation hatten wir schon lange nicht mehr! Eine ganze Weile stand die junge Bundesrepublik einseitig unter dem Vorbehalt der politischen Restauration. Der Konsens der Zeitkritik, der weit ins bürgerliche Lager reichte, hat aber seinen Stachel längst verloren. Inzwischen hat das Pendel der Einseitigkeiten in die Gegenrichtung ausgeschlagen. Nun ziehen wir das eindimensionale Modell einer „Erfolgsgeschichte" vor. Kritische Töne sind rar geworden. Sie könnten schließlich die gute Laune eintrüben.

Es scheint, als habe das kollektive Geschichtsbewusstsein die Instrumente der Analyse endgültig eingemottet. Nicht Erkenntnis, sondern herzerwärmende Einfühlung ist heute gefragt. Wir lernen gerade, dass Geschichte nichts ist, wofür man sich schämen muss und erst recht nichts, worüber gestritten werden muss. Geschichte soll Spaß machen. Und sie soll sich in gute Geschichten auflösen.

In diesem Jahr werden wir Deutschen uns mit unserer erfreulicheren Vergangenheit beschäftigen. Selbstgefällig werden wir uns in ihrem goldenen Licht sonnen und an ihr wärmen. Und wir werden dankbar vergessen, uns dem zuzuwenden, was in diesem Jahr wirklich wichtig ist. Vor lauter Jubeltagen werden wir einfach keine Zeit für die Krise haben.

Notizen aus gegebenem Anlass

Stets zu Diensten

Wie Reinhard Gehlen den Geheimdienst erst für die Nazis, dann für die Amerikaner und schließlich für die Bonner Republik aufbaute.

Reinhard Gehlen wurde am 3. April 1902 geboren. Im Ersten Weltkrieg war er noch zu jung für die feldgraue Uniform. Der Fluch der späten Geburt brachte Gehlen also um das Fronterlebnis. Aber der Sohn eines Leutnants wollte unbedingt Berufssoldat werden, am liebsten im Generalstab der Reichswehr, die nach dem Versailler Vertrag nur noch ein Schatten ihrer selbst war. 1920, gleich nach dem Abitur trat Gehlen mit achtzehn Jahren in das deutsche Heer ein. In Hitlers Wehrmacht absolvierte er eine steile Karriere, bis er Ende 1944 zum Generalmajor befördert wurde.

Seit April 1942 war der Pionier des militärischen Nachrichtendienstes mit der Aufklärung der Feindbewegungen an der Ostfront betraut. Als Leiter der Abteilung „Fremde Heere Ost" schuf Gehlen ein weit verzweigtes Nachrichtenetz, das sich vor allem auf die Ausforschung der Roten Armee konzentrierte. Anfang März 1945 sicherte er das brisante Material auf Mikrofilm und ließ es in wasserdichten Fässern verpackt in den Alpen vergraben – eine politische Lebensversicherung. Denn der Zusammenbruch stand unmittelbar bevor.

Tage später wechselte der Militärexperte umgehend die Seite. Er bot sein Wissen den Amerikanern an. Dabei kam dem Geheimdienstmann der Umstand zugute, dass Hitler ihn noch am 9. April 1945 wegen allzu düsterer Lagebeurteilungen entlassen hatte. Weder seine politische Überzeugung noch den Jargon musste der Spezialist groß wechseln. Gut antikommunistisch verstand man sich prächtig. Der Feind von gestern brauchte keineswegs als Bittsteller auftreten.

Bereits ab Juli 1946 durfte der oberste Militärspion des Dritten Reiches, den die Besatzungsmacht von jeglicher NS-Belastung freigesprochen hatte, einen neuen Auslandsnachrichtendienst aufbauen: die „Organisation Gehlen". 1947 zog sie von Oberursel nach Pullach bei München um. Seilschaften aus alten Tagen, ehemalige Wehrmachtsoffiziere sowie Mitglieder der SS und des Reichssicherheitshauptamtes prägten den Geheimdienst der frühen Jahre. Von Anfang an agierten die deutschen Maulwürfe mit den Amerikanern auf Augenhöhe.

Im Sommer 1949 übernahm die CIA die Pullacher Antikommunisten von der US-Army. Und sie erlag den Analysen der Gehlen-Truppe, weil die ihr über die Sowjets genau das erzählte, was man in den USA hören wollte. Die Bedrohungsszenarien „Made in Germany" gaben beste Munition ab. Auch die Tycoons der amerikanischen Rüstungsindustrie gehörten zu den Fans der Kalten Krieger.

In Westdeutschland warnte die Gehlen-Mannschaft – einer der letzten intakten Überreste der Wehrmacht – derweil beharrlich vor der Aufrüstung der Gänsefüßchen-Sowjetzone und drängte stattdessen auf die eigene Wiederbewaffnung.

Sobald die Bundesrepublik souverän wurde, übergab man die „Organisation Gehlen" der Bundesregierung. Am 1. April 1956 begann sie ihre offizielle Arbeit unter neuem Namen. Der Bundesnachrichtendienst (BND) war geboren. Die Dienstanschrift blieb dieselbe, das Personal ebenfalls. Zum ersten Präsidenten wurde Reinhard Gehlen ernannt. Unter dem Decknamen „Dr. Schneider" blieb er es über die Pensionsgrenze hinaus bis zum 1. Mai 1968.

Reinhard Gehlen verkörperte geradezu perfekt den Typus des wendigen politischen Überlebenskünstlers mit einem untrüglichen Instinkt für die eigene bruchlose Karriere. Treu geblieben ist er aber zeitlebens seinem alten Feindbild.

Dabei zog es Gehlen schon berufsbedingt vor, im Hintergrund zu bleiben. Er war der Mann ohne Gesicht. Vom bestinformierten Staatsdiener Deutschlands gab es zeitlebens nur wenige Fotos. Wie es sich für einen Geheimdienstchef gehört, trägt er darauf zum Doppelreiher die dunkle Sonnenbrille und einen Schlapphut.

Reinhard Gehlen starb am 8. Juni 1979 in Berg am Starnberger See.

BR, Kalenderblatt vom 03.04.2009.

Proteste gegen den Wahlbetrug

Die letzten DDR-Wahlen am 7. Mai 1989

Glückliche Menschen lächeln von Wahlplakaten: „DDR – mein Vaterland!" ist da zu lesen. Für den 7. Mai 1989 sind Kommunalwahlen angesetzt. Wieder einmal sind die DDR-Bürger aufgerufen, die von der SED abgesegnete Einheitsliste der Kandidaten zu bestätigen. Wie immer konkurrieren die Wahlkreise untereinander um die höchste Zustimmungsrate. 99 Prozent sollten es am liebsten sein. Das Wahlvolk hat nichts weiter zu tun, als zu erscheinen und den Wahlschein säuberlich gefaltet in der Urne zu versenken. „Zettelfalten" nennt der Volksmund diese Pseudo-Wahlen.

Vierzig Jahre lang waren Wahlen unter Ulbricht und Honecker eine Farce gewesen – und alle wussten es. Doch im letzten Sommer der DDR war alles anders. Die scheindemokratische Fassade begann zu bröckeln. Was war geschehen?

Bereits im Vorfeld der Wahlen machten die Bürgerbewegung und die kirchliche Opposition darauf aufmerksam, welche Operette hier gespielt wurde. In öffentlichen Aufrufen und Briefen ermunterten sie dazu, gegen die Einheitsliste zu stimmen oder die Abstimmung zu boykottieren. Gorbatschows Glasnost und Perestroika ließen grüßen.

Schnell sprang der Funke der Demokratie auf die schweigende Mehrheit über. Die Wahl ohne Wahlmöglichkeit ließ auch sie aufmüpfig werden. Immer unverhohlener forderte man in den „Volksaussprachen" Meinungspluralismus gegen die Allmacht der SED. Sogar langjährige Abgeordnete weigerten sich, erneut zu kandidieren, weil sie das System volksferner Verantwortungslosigkeit satt hatten. Weit jenseits der Dissidenten-Milieus probte das Staatsvolk den Aufstand. Obwohl die Stasi bestens informiert war, wurden die Wahlen für die SED zum kleinen Debakel. Nach altbewährtem

Muster bejubelte zwar ihr Parteiorgan, das *Neue Deutschland*, das Endergebnis als freudige Bekenntnisse zur Politik des Sozialismus. Man zählte 98,85 Prozent Ja-Stimmen. Wie immer bewegte sich die Quote der Claqueure in schwindelerregenden Höhen.

Doch die Opposition wusste es besser. Bürgerrechtler, die sich als Beobachter in den Wahllokalen aufhielten, wiesen erstmals nach, dass die Wahlbeteiligung und das Endergebnis nachträglich gefälscht worden waren. In hektographierten Broschüren zirkulierten die echten Zahlen. Sie verzeichneten bis zu zehn Prozent Gegenstimmen. Dazu wurde die Staatsmacht mit Eingaben besorgter Bürger überschüttet, die von fehlenden Wahlkabinen und anderen Unregelmäßigkeiten wussten. Und obendrein erstatteten aufrechte Demokraten Anzeige wegen Wahlbetrugs – ein Straftatbestand, auch nach DDR-Recht! Die SED-Demokratur bei ihren eigenen pseudo-legalistischen Mitteln zu packen! Diese Form der Subversion machte Spaß, und sie machte der Stasi jede Menge Arbeit.

Andere gingen weiter. Alle, die mit dem SED-Staat endgültig fertig waren, zerrissen in aller Öffentlichkeit ihre Wahlbenachrichtigungen oder sogar die Wahlscheine. Ihr Votum war unmissverständlich. Die Staatsicherheit rechnete nach, dass der Anteil der heimlichen und aggressiven Nichtwähler sich gegenüber den letzten Volkskammerwahlen 1986 zum Teil verdreifacht hatte.

Nach 40 Jahren wurde die gefühlte Bevormundung für die Mehrheit der DDR-Bürger unerträglich. Die Leute wünschten sich endlich demokratische Verhältnisse, die den Namen auch verdienten - freie und geheime Wahlen inklusive. Ihr Unmut verband sich mit den Zielen der Bürgerbewegung, die bis dahin eher ein Sektendasein geführt hatte. Das offene Geheimnis der Scheindemokratie blieb nicht länger ohne Folgen. Obwohl es im Mai 1989 nur um Kommunalwahlen ging, war dies der Anfang vom Ende der DDR.

BR, Kalenderblatt vom 07.05.2009.

Rezensionen fürs Radio

Das Lächeln der Henker

[Atmo: Geschützdonner, Granatexplosion, sechs Sek.]

Bis heute ist die Erinnerung an den Ersten Weltkrieg geprägt von den bekannten Fotos der Westfront: man sieht den Stellungskrieg im Schützengraben – die Materialschlacht und den Gaskrieg - den verwüsteten Raum, ein Niemandsland, das einer Mondlandschaft gleicht. Der Krieg im Bild ist hart, zerstörerisch und gewaltig, aber letztlich doch eine Auseinandersetzung zwischen regulären Kombattanten.

Dagegen wissen wir über die Ostfront nur wenig.

[Zitat]

Das ist mein erster italienischer Gefangener. Mit meinem eigenen Säbel habe ich's getan. Meinen ersten russischen Gefangenen habe ich vorher martern lassen. Am liebsten gehe ich auf Tschechen. Ich bin ein gebürtiger Grazer. Wer mir in Serbien begegnet ist, den habe ich auf der Stelle niedergeknallt. Zwanzig Menschen, darunter Zivilisten und Gefangene, habe ich mit eigener Hand getötet, mindestens hundertfünfzig habe ich erschießen lassen. [...] Ich habe stets meine Pflicht erfüllt.

So brüstet sich der Hauptmann Prasch seiner Taten in Karl Kraus' Doku-Drama „Die letzten Tage der Menschheit". Wohlgemerkt, es geht darin nicht etwa um den Zweiten, sondern um den Ersten Weltkrieg.

Der Wiener Fotohistoriker Anton Holzer hat in aufwendiger Recherche die Gegenbilder zum Krieg im Westen aufgespürt. Sie zeigen die vergessene Seite des Großen Krieges: die Exzesse, die im Osten Europas an Zivilisten, Soldaten und feindlichen Überläufern verübt wurden. In Tschechien, Galizien und der Bukowina, in der Ukraine, in Slowenien und Bosnien-Herzegowina und in Tirol wurde Holzer fündig. Denn in den ehemaligen Kronländern sammelte man nach 1918 eifrig Fotografien als Beweise für die brutale Kriegführung der k.u.k. Truppen.

Zum Vorschein kommt ein asymmetrischer Krieg gegen alle, die im Verdacht des Separatismus standen. Die Gewalt richtete sich gegen jene Ethnien im Vielvölkerstaat, die keine Deutschen oder Ungarn waren: gegen Tschechen, Ruthenen, Polen, Juden, Italiener und Slowenen. Ihren Patriotismus bezweifelte man. Allzu schnell war der Verdacht des Verrats und der Spionage bei der Hand. Gerüchte machten die Runde. Denunzianten hatten Hochkonjunktur. Den Rest besorgten Soldaten, Feldgendarmen und militärische Schnellgerichte. An der Peripherie der Monarchie litt eine ganze Armee unter Verfolgungswahn.

Verhaftungen und Vertreibungen gerieten zum handgreiflichen Spießrutenlaufen mit Volksfestcharakter. Denn das Militär wurde tatkräftig durch rivalisierende Bevölkerungsgruppen unterstützt.

Und sie endeten manchmal in einem Massaker an den Wehrlosen. Der Krieg ließ alten Feindseligkeiten freien Lauf.

Mit großer Unbefangenheit wurden Hinrichtungen von Untertanen der Krone als mutmaßliche Spione öffentlich inszeniert und fotografiert. Sie dienten der Abschreckung. Doch sie waren darüber hinaus Gemeinschaft stiftende Rituale. Die Aufnahmen kursierten sogar als Bildpostkarten. Stets sind Schaulustige auf den Fotos zu sehen. Ohne Scheu und Scham wohnen sie mit grausamer Freude dem Vollzug der Bestrafung bei. Mit Blicken und Gesten verhöhnen sie die Toten. Oft berühren Soldaten den Gehenkten. Sie präsentieren ihn gleichsam der Kamera und dem Betrachter.

Den eigentlichen Krieg führte die k.u.k. Armee gegen Serbien, Russland und Italien. Besonders grausam wüteten die Truppen unter serbischen Zivilisten. Wer im Hinterland der Front aufgegriffen wurden und weder deutsch noch ungarisch sprach, wurde als „unzuverlässiges Element“ sofort ums Leben gebracht. Die Grenzregion wurde durch Terror entvölkert.

Man fürchtete nicht nur die serbische Armee, die erbitterten Widerstand leistete, sondern mindestens ebenso sehr die Bevölkerung. Bereits im Sommer 1914 kam es zu Geiselnahmen, Massakern, Plünderungen und Vergewaltigungen. Dazu noch einmal der Hauptmann Prasch in „Die letzten Tage der Menschheit“:

[Zitat]

In Serbien habe ich ein serbisches Mädchen vergewaltigt, aber dann den Soldaten überlassen und am nächsten Tag das Mädchen und seine Mutter auf einem Brückengitter aufhängen lassen. Die Schnur riss und das Mädchen fiel noch lebend ins Wasser. Ich zog meinen Revolver und schoss auf das Mädchen so lange, bis es tot unter dem Wasser verschwand.

Nach dem Sieg am Isonzo im Oktober 1917 machte man auch mit Kriegsgefangenen an der Südfront kurzen Prozess. Die tschechischen Legionäre, Untertanen der k.u.k. Monarchie, die in der italienischen Armee gekämpft hatten, wurden öffentlich hingerichtet. Aufsehen erregte die Geschichte des Cesare Battisti. Er stammte aus dem Südwesten der Monarchie. Bis 1914 saß der Südtiroler als Abgeordneter im Wiener Reichsrat. Dann trat er in die italienische Armee ein. Zwei Jahre später fiel er österreichisch-ungarischen Soldaten in die Hände. Als Verräter wurde Battisti am 12. Juli 1916 in Trient unter dem Beifall johlender Österreicher gehenkt.

In den veröffentlichten Bildern vom Feind setzte sich der Euphemismus der Kriegspropaganda fort. Erschießungen und andere Hinrichtungen, durch k.u.k. Truppen galten allein angeblichen Spionen und Partisanen. Vertreibungen und Internierungen beschönigte man als Evakuierungen. Bei so viel behaupteter Rechtmäßigkeit und Harmlosigkeit bleibt als verstörendes Detail die schaulustige, feixende Menge, die ins Bild drängt. Die veranlasst Holzer am Ende zu einem lesenswerten historischen Exkurs über die pornographische Lust an der Gewalt – in der Realität und in der Fotografie.

Auch dem Gebrauch der Bilder geht der Autor nach. Die Tatsache, dass Fotos einer Hinrichtung von Zivilisten – geschehen in Galizien im Kriegswinter 1914 - in den zwanziger Jahren mühelos affirmativ oder pazifistisch-kritisch Verwendung fanden und im Ausland als Beweise für die „deutsche Gefahr" genommen wurden, zeigt einmal mehr die grundsätzliche Offenheit des Mediums Fotografie für die unterschiedlichsten Suggestionen – je nachdem wer sich der Bilder bemächtigte.

Anton Holzer: Das Lächeln der Henker. Der unbekannte Krieg gegen die Zivilbevölkerung 1914-1918. Mit zahlreichen bisher unveröffentlichten Fotografien, Primus Verlag. Darmstadt 2008.

Stasi-Stadt. Die MfS-Zentrale in Berlin Lichtenberg

00.00.00 –
00.00.12   O-Ton: „Kundschafterlied"

00.00.13 –
00.00.14   Störgeräusch

00.00.15 -
00.00.18   Nachrichten von der Stürmung der MfS-Zentrale durch Bürgerrechtler am 15.1.1990

Zu DDR-Zeiten sprach der Volksmund ironisch vom „VEB Horch & Guck oder einfach von der „Firma". Bis zur Wende 89 war das Ministerium für Staatssicherheit in Berlin Lichtenberg ein hermetisch abgeriegelter und geheimnisvoller Bezirk. Heutzutage ist das Areal für jedermann zugänglich und das Büro Erich Mielkes ein Museum.

Christian Halbrock hat in der Reihe historischer Stadtführer des Christoph Links Verlages einen handlichen Begleiter zur Erkundung des ostdeutschen Geheimdienstes vorgelegt. Die Sehenswürdigkeiten, die hier beschrieben werden, sind weder schön, noch erhaben, geschweige denn heiter. Im Gegenteil, der Autor lädt ein zu einer Bildungsreise der düsteren Art.

Der historische Spaziergang führt den Hauptstadttouristen in einer guten Stunde durch die trostlos graue Stadtlandschaft im Karree zwischen Frankfurter Allee, Rusche-, Bornitz- und Alfredstraße, deren Mittelachse die Normannenstraße bildet. Dort lag zu DDR-Zeiten die Zentrale der Staatssicherheit.

In vier Jahrzehnten dehnte sie sich zu einem übermächtigen Ensemble von Gebäuden aus und mutierte zum streng bewachten exterritorialen Raum. Wie Kafkas Schloss oder wie ein unheimliches Ufo senkte sich die gesperrte Zone über die Stadt.

[Zitat]

Der knapp zwei Quadratkilometer große Komplex zerschnitt ein historisch gewachsenes Wohngebiet [..]. Ihm fielen ab 1950 mehrere Straßen und zahlreiche Gebäude zum Opfer, darunter Wohnbauten von Bruno Taut und eine Kirche.

Schätzungsweise 5000 bis 7000 MfS-Mitarbeiter arbeiteten nach dem Stand Mitte der achtziger Jahre im gesperrten Territorium.

Angefangen hatte alles 1950 in den Räumen des Lichtenberger Finanzamtes in der Normannenstraße 22. Im selben Gebäude saß bereits die sowjetische Geheimpolizei. Das benachbarte Fernmeldeamt in der Dottistraße war von strategischer Bedeutung. Ein naher Keller und das alte Gefängnis in der Magdalenenstraße dienten den Spezialisten der Gewalt als Hafträume. Das Stadtbezirksgericht am Rodeliusplatz bot die gründerzeitliche Kulisse für sowjetische Militärtribunale und später für Schnellverfahren und Schauprozesse unter Federführung der deutschen Tschekisten. Gericht und

Haftanstalt waren unterirdisch durch Gänge in den unterkellerten Höfen verbunden.

Bis Anfang 1953 kam es vor, dass hier verurteilte vermeintliche ‚Spione, antisowjetische Hetzer und Verräter' nach der Urteilsverkündung in sowjetische Haftlager deportiert wurden.

Bereits in den fünfziger Jahren vergrößerte sich die Staatssicherheit. Im gemäßigten sowjetischen Zuckerbäckerstil entstand 1956 als Teil der Vorzeige- und Schaumeile Stalin Allee einer der ersten Erweiterungsbauten: das L-förmige Haus 7. Es wurde in Rekordzeit hochgezogen.

Dort, wo sich entlang der Straße bis 1955 noch ein Holzplatz befunden hatte, wuchs innerhalb eines Jahres ein sechsgeschossiges Gebäude empor.

Den architektonischen Clou bildete ein großzügig gestalteter Dachaufsatz – etwas zwischen Loft und Penthouse. Über den Dächern Lichtenbergs, in luftiger Höhe, residierte darin bis 1989 die Hautabteilung XX, zuständig für alle echten und vermeintlichen Gegner im Innern der DDR.

In den Jahren 1961 und 1962 wurde das „Objekt Z" gebaut, ein Zwischenbau, der die Lücke zum alten Finanzamt schloss. Dort zog Erich Mielke mit seinem Stab ein.

Noch bildete der MfS-Komplex kein geschlossenes Ensemble. Und so wurde der großzügig gestaltete, verglaste Eingangsbereich zur Achillesverse. Seit 1975 verdeckte deshalb ein improvisierter Sichtschutz aus hässlichen Betonformsteinen Zufahrt und Eingang. Bis die Hochhäuser der Auslandsspionage an der Ruschestraße den Innenhof endgültig gegen unerwünschte Blicke von außen abschirmten.

Für die schnelle Expansion der Stasi in den siebziger Jahren wurden ganze Straßenzüge dem Erdboden gleichgemacht und idyllische Gartenkolonien eingeebnet. Bald verzeichnete kein Stadtplan Ost-Berlins mehr die Helmut(h)- und die Müllerstraße.

Die Wohnhäuser, die Bruno Taut in den zwanziger Jahren im Stil der Neuen Sachlichkeit entworfen hatte, mussten weichen: In der Normannenstraße entstand ein riesiges Dienstleistungsgebäude, exklusiv für die Mitarbeiter des „VEB Horch & Guck". Exquisit und delikat versorgt brauchten sie für Einkäufe, Friseur- und Arztbesuche das Gelände nicht zu verlassen.

Auch die Neuapostolische Kirche der Taut-Siedlung versank in Schutt und Asche. Denn Kirchtürme waren potentielle Aussichtstürme. Sie stellten mithin ein Sicherheitsrisiko dar.

[Zitat]

Das Ministerium, für das die oberste Geheimhaltungsstufe galt, war bestrebt, unbeobachtet von außen in seinem Sperrbezirk agieren zu können.

In die Straßen rund um die Stasi-Zentrale zogen neue Mieter ein. Häuserweise wurde die Magdalenenstraße von den Wachmannschaften des Gefängnisses und ihren Familien übernommen: zuerst von den Russen, dann von den Deutschen. Die Neubauwohnungen in den Plattenbauten an der Frankfurter Allee vergab man später ausschließlich an die Mitarbeiter des Familienbetriebs der besonderen Art: inzwischen arbeiteten nicht nur die Väter, sondern auch die Söhne und Töchter bei der Stasi.

Immer mehr operative Abteilungen der Geheimpolizei zog es in die Umgebung der Zentrale. Das ging selbstverständlich nicht ohne Camouflage. Viel Mühe verwandte die „Firma" zuletzt darauf, das wahre Innenleben der Fassaden zu tarnen: Vorbildlich verschlossene Haustür-Attrappen mit modernen Wechselsprechanlagen verbargen zugemauerte Eingänge.

[Zitat]

Überall sonst in Ost-Berlin waren die Haustüren schadhaft und nicht verschlossen und konnten, da es so gut wie keine Klingeln gab, ungehindert be-

*treten werden. Die hier zu Tage tretende Perfekti-
on wirkte geradezu verräterisch.*

Und heute?

Zwanzig Jahre nach dem Ende der DDR ist das
Areal der Stasi-Zentrale und das angrenzende
Wohngebiet noch immer ein unwirtlich kalter
Stadtraum, den man gerne wieder verlässt. Für
manche Gebäude werden seit Jahren Nutzer ge-
sucht.

Nur im Windschatten der Stasi-Stadt, in den architektonischen Überresten des Kaiserreiches, hat sich
längst wieder urbanes Leben entfaltet.

Christian Halbrock: Stasi-Stadt. Die MfS-Zentrale in
Berlin Lichtenberg. Ein historischer Rundgang um das
ehemalige Hauptquartier des DDR-Staatssicherheits-
dienstes. Ch. Links Verlag. Berlin 2009.

Schule des Sehens

Dem Betrachter zugewandt, die Hand in die weiße Weste geschoben, präsentiert sich Napoleon als Staatsmann in Uniform. Die Wanduhr im Hintergrund zeigt auf kurz nach vier Uhr, die Kerze auf dem Schreibtisch ist fast heruntergebrannt. Auf einem Tischchen befinden sich allerlei Papiere, darunter der Code Civil als Schriftrolle und ein Degen.

Wenn alles schläft, geht der Kaiser der Franzosen rastlos den Staatsgeschäften nach - so die Botschaft. Napoleon selbst pointierte es so: Nachts arbeite ich für das Glück meiner Untertanen, tagsüber für ihren Ruhm.

Im Jahr 1812, auf dem Höhepunkt der politischen Macht, zeigte der Hofmaler Jacques-Louis David Napoleon ganz neu. Der opulente Ornat, Zepter und Krone sind passé, ebenso der Feldherrnblick in eine unbestimmte Ferne.

Der neue Stil wurde zum Vorbild späterer Porträts von Herrschern bei der Arbeit: von Ludwig XVIII in seinem Kabinett bis zu Stalin, von dem jedes Kind in der Sowjetunion wusste, dass im Kreml auch spät nachts noch Licht brannte.

Auf welche Weise und mit welchen Attributen Individuen als Inkarnation von Ideen und Werten dargestellt wurden oder wann sich die Konventionen für Herrscherporträts änderten, sind nur zwei von unzähligen Fragen, denen Peter Burke nachgeht. In seinem wieder aufgelegten Essay „Augenzeugenschaft" beglückt uns der Kulturhistoriker mit anregenden Miniaturen zu den unterschiedlichsten Aspekten des einen großen Themas: Was können wir aus Bildern über die Vergangenheit erfahren? Dabei hält sich Burke zu allererst an die Maxime, Bilder hielten Aussagen von Augenzeugen fest.

[Zitat]

Ernst Gombrich schrieb über die von den alten Griechen entdeckte Regel - das sogenannte ‚Augenzeugen-Prinzip' – dass der Künstler nichts in sein Bild aufnehmen darf, was der Augenzeuge nicht in einem bestimmten Augenblick von einem bestimmten Punkt aus nicht hätte sehen können.

Folgerichtig widmet sich der Autor ausdrücklich nicht der „Kunst", sondern den „Bildern". Sein elastischer Bildbegriff umfasst Münzen, Druckgrafiken, Gemälde, Skizzen, Fotos und Filme, aber auch Landkarten, bemalte Teller, Votivbilder und sogar Kleiderpuppen oder Tonsoldaten in den Gräbern chinesischer Kaiser.

Ebenso vielfältig sind die Themen und Genres, die Burke in Augenschein nimmt. Sie reichen von der Natur und Landschaft über Religion und Kultus, das Porträt, die Schlachtenmalerei und Kriegsfotografie bis zu den Genrebildern der Gesellschaft und ihren Gegenansichten vom Fremden und Exotischen.

Spätestens seit der frühen Neuzeit riefen Chronisten visuelle Zeugnisse als Augenzeugen auf. Historiker wie Jacob Burckhardt und Johan Huizinga stützten sich im 19. Jahrhundert in ihren Studien über Italien und die Niederlande gerne auf Gemälde. Umgekehrt waren Künstler und Auftraggeber, die Medien und das Publikum an der Sinngebung und am Gebrauch von Bildern als historischen Beweisen schon immer beteiligt. Dass es sich lohnt, die Traditionslinien dieser „Dokumentationskunst" freizulegen, erweist die Lektüre des Buches.

Für deutsche Leser ungewöhnlich und erfrischend ist aber ein Zweites: Beim Gang durch den Bildersaal der Geschichte kennt Burke keine Epochengrenzen oder hochspezialisierten Zuständigkeiten. Und sein Blick beschränkt sich auch nicht auf Europa. Der gesprächige Flaneur wandelt in der schier unerschöpflichen Wunderkammer eines reichen Gelehrtenlebens.

Stets geht es dem Autor um absichtsvoll gesetzte Botschaften, Konventionen der Darstellung und

Sichtweisen einer bestimmten Zeit oder Kultur, um unbeabsichtigte Spuren der Vergangenheit und um Dargestelltes und Abwesendes - kurz um Repräsentation und Wirklichkeit. Dabei bedient sich Burke der klassischen Ikonographie und Ikonologie, erweitert durch methodische Ansätze aus der Psychoanalyse, dem Strukturalismus und der Rezeptionstheorie.

Wer sich aber eine systematische Methodologie für die Praxis der historischen Bildanalyse erwartet, wird enttäuscht sein. Alle anderen Leser versetzt die Fülle der Detailbeobachtungen in Erstaunen. Und die Art und Weise, wie Burke offene Fragen formuliert, lädt ein, sich an dieser Recherche zu beteiligen. Eine Herausforderung stellt für ihn das narrative Bild dar:

[Zitat]

Die Reduktion einer Sequenz auf eine Einzelszene bringt für den Betrachter eine Reihe von Interpretationsschwierigkeiten mit sich, etwa das Problem, zwischen Ankunft und Abfahrt zu unterscheiden oder zwischen zwei gegenteiligen Handlungen.

Das Beispiel gibt Antoine Watteaus Gemälde von 1720, „Das Ladenschild des Kunsthändlers Gersaint". Zu sehen ist ein dunkler Raum vollgehängt mit Gemälden, im Vordergrund eine Dame und ein Herr im Gespräch. Ein Gehilfe müht sich mit einem großformatigen Bild, ein anderer hält ein Porträt Ludwig XIV in einer Kiste. Wird das Herrscherbild des toten Königs gerade ein- oder ausgepackt? Wird es also in den Keller verbannt oder hervorgeholt? Handelt es sich am Ende gar um eine Allegorie auf „die Geschichte" im Urteil der Nachwelt? Wir wissen es nicht.

Peter Burkes Befragung der stummen Zeugen verdeutlicht auch dies: Bilder halten für den Betrachter manche Tücken der Interpretation bereit. Nun könnte man meinen, diese seien bei Fotos und Filmen zahlreicher, weil die Suggestion unmittelbarer Evidenz und die Möglichkeit der Manipulation größer sind. Falsch! Burke lehrt uns, die Fallstricke bei den alten Meistern sind nur andere. Oder wie der Kunsthistoriker Erwin Panofsky zu sagen pflegte: „Der liebe Gott steckt im Detail." – In jedem Bild!

Und deshalb ist auf dem Bucheinband nicht ein Porträt Napoleons, sondern Stalins zu sehen.

Peter Burke: Augenzeugenschaft. Bilder als historische Quellen. Verlag Klaus Wagenbach, Berlin 2010.

Bei BoD sind von Karin Hartewig erschienen:

„Schön ist es hier! Roman", 2013.

Das ist Deutschland! Eine Landeskunde für alle, 2016.

Kunst für alle! Hitlers ästhetische Diktatur, ³2018.

„So gut kennen wir uns auch nicht. Dreizehn Erzählungen", 2018.

„Fortuna lächelt spröde. Neue Gebrauchslyrik", 2018.

Freiheit und Zensur. Notizen zu Filmen der DEFA, 2018 [Kinozeit eins].

Demnächst erscheint:

Sperrsitz oder Parkett? Notizen zur Filmkunst und zum Genre kunst + film, [Kinozeit zwei].